Bart Stouten

Offenes Herz

Open Hart - Open Heart

Bart Stouten
Offenes Herz
Open Hart - Open Heart
Inhalt - Inhoud

Leven. De laagjes van een ui pellen.
Zure tranen huilen en de dader zoeken.
Iets aanpakken en dat poëzie noemen.
Daar waar het laatste thema bloedt.

Leben. Die Schichten einer Zwiebel pellen.
Saure Tränen heulen und den Täter suchen.
Etwas antasten und das als Poesie bezeichnen.
Dort wo das letzte Thema blutet.

Open haard van taal

Iemand heeft met graankorrels van haat
taai meel gemaakt. Vergeef de ijdeltuit
in uniform. Er is geen voorland rustiger
dan deze woorden. Suizende wind
tussen het verbrande hout.

Ik wil de rolluik van mijn liefde oplaten
voor een soldaat, die bang is voor de dood.
Ja dat wil ik. Bij hem zijn. Hier thuis.
Mij terugtrekken. Vechtend
in een open haard van verzen.

Voor een donker raam wil ik gaan staan,
in de weerspiegeling van mijn gezicht
het einde van zijn boulevarddroom zien.
De laatste tralie verliest zijn vage schaduw.
Dat is wat ik wil. Angst lijkblijk zien stralen

in de nacht, alsof het oorlog is, met maan,
midden in dit hellekooksel van gave stilte.
Het zal lijken of ik elders ben, vergeten
in een gevangenis van verblindend licht.
Knielend voor dit knetterend vuur van taal.

Offener Herd von Sprache

Einer hat mit Körnern von Haß
zähen Mehlteig gemacht. Vergib die Eitelei
in Uniform. Da ist kein Vorderland ruhiger
als diese Worte. Sausender Wind
zwischen das verbrannte Holz.

Ich will das Rollo meiner Liebe auf lassen
für einen Soldaten, der bange ist vor dem Tod.
Ja das will ich. Bei ihm sein. Hier zuhaus sein.
Mich zurückziehen. Kämpfend
in einem offenen Ofen von Versen.

Vor einem dunklen Fenster will ich mich stellen
ins Spiegelbild meines Antlitzes
das Ende seines Boulevardtraumes sehen.
Die letzte Gitterstange verliert ihren vagen Schatten.
Das ist was ich will. Angst leichenbleich strahlen sehen

in der Nacht, als ob es Krieg ist, mit Mond
mitten in dieses Höllengekochte von Grabes Stille.
Es soll scheinen daß ich woanders bin, vergessen
in einem Gefängnis von blendendem Licht
Knieend vor diesem knisternden Feuer von Sprache.

Hama

Deze zomer draaien er wieren mee
op de watermolens van Hama.
Stukgereten herinneringen?
Het oude aquaduct zal ze niet meer
dumpen. Waar ooit de akker lag
troost nu een poster 'old Hama':
het is Assad, vader en zoon
en 30.000 doden. Kijk
hoe explosief ze groeien,
een jaar overwoekeren
waarover het stadje zwijgt.

Als een kind dat zich betrapt voelt,
twintig jaar later:
collectieve herinnering,
wachtend op mijn lift.

Een kar, hortend en stotend,
zonder bestemming.
Het vaste repertoire van de volksverteller
die niemand heeft gezien.
Ergens zal ik hem vinden,
vertelt de Lonely Planet.
Zijn wereld staat uitnodigend
op een kier. Zoals het raam.

Elders, wereldvreemd:
twee oude mensen
in een mobilhome bij de Orontes.
Belgen waarempel.

Hama

Diesen Sommer drehen da Seegräser mit
auf den Wassermühlen von Hama.
Zu Stück gerissene Erinnerung?
Das alte Aquadukt soll sie nicht mehr
fallenlassen. Wo einst der Acker lag
gibts jetzt Trost vom Alt-Hama-Poster:
es ist Assad, Vater und Sohn
sowie 30.000 Toten. Sieh'
wie explosiv sie wachsen,
ein Jahr überwuchern
darüber das Städtchen schweigt.

Als ein Kind das sich erwischt fühlt,
zwanzig Jahre später:
Kollektive Erinnerung,
warten auf die Mitfahrgelegenheit.

Ein Karren, ratternd und tatternd,
ohne irgend ein Ziel.
Das feste Repertoire des Geschichtenerzählers
den niemand gesehen hat.
Irgendwo werd' ich ihn finden,
sagt der Lonely Planet.
Seine Welt steht einladend
auf Spalt. Wie das Fenster.

Woanders, weltentfremdet:
zwei alte Menschen
im Campingbus bei dem Orontesfluß.
Belgier überraschenderweise.

Zij schilt een appeltje,
hij doet het verhaal,
in stukken en brokken.

*

Haat is blijven hangen, als een plaat,
in onbegrip, als een herinnering in bang vermoeden,
als verschaald bier na sluitingstijd,
terwijl de regen jankt op de stoep
en de stoep langzaam overgaat in bladeren
uit een dronken woestijn met de wankele kameel
van een bang vermoeden.
Als een plaat die is blijven hangen jankt de muëzzin
dat je dood bent, zoals de verdwaalde schaapjes
in de late namiddagzon. Geen herder te bespeuren
zo ver de geschiedenis nog reikt, en dat is verder
dan je zwijgplicht. Bij onleesbare werkelijkheid
hoort een Arabische krant met wurgklanken
en arabesken voor de schijn, met glaasjes nescafé
op kosten van de Baath partij.
Haat is blijven hangen, op de oever van de Orontes,
in mijn onderkoelde woestijn, airconditioned
in de weerspiegeling van de grote minaret
die vanmorgen nog mijn oude liefde heeft uitgebazuind.

Sie schält einen Apfel,
er erzählt die Geschichte,
in Stücken, in Brocken.

*

Haß bleibt kleben, als Kratzer einer Schallplatte,
in Unverständnis, als Erinnerung banger Vermutung,
als verschaltes Bier nach Thekenschluß,
währenddessen der Regen jankt auf den Bürgersteig
und der langsam sich verändert in Blätter
aus einer trunkenen Wüste mit dem wankenden Kamel
von einer angstvollen Vermutung.
Die Platte hängt, so klinkt der jaulende Muezzin
daß du tot bist so wie verirrte Schafe
in der späten Nachmittagssonne. Kein Schäfer zu spüren
so lange Geschichte noch reicht, das ist weiter
als deine Schweigepflicht. In unlesbarer Wirklichkeit
gehört eine arabische Zeitung mit Würgegeräuschen
und Arabesken vor dem Schein, mit Nescafétäßchen
auf Kosten der Baath Partei.
Haß hängt immer noch auf dem Ufer des Orontes,
in meiner unterkühlten Wüste, *airconditioned*
in der Spiegelung von dem großen Minarett
die heute morgen noch meine alte Liebe
herausposaunte.

Poëzie is…

Poëzie is alles, vermomd als weinig.
De marge, natuurlijk, de stalbezem,
het afzuigsysteem. Poëzie is die ene keer
dat je je laat gaan, en het roer overgeeft
aan een ziektekiem. Vers verval,
benedenstroomse taal om van angst
te gillen onderweg. Aankomen, klaarkomen,
aangedaan en klaargestoomd. Dampend
als een ongeval op asfalt in de hitte.
Het niet meer weten, bijna-dood-ervaring
en dan het licht van onbenoembare
zaligheid. Poëzie is een mantra,
galmend in je lijf dat al haar ego's wist.
Monniken in een klooster vol afleiding.
Afdwalende gedachten die je vooral niet
dempen wil. Poëzie is eindeloos onthouden,
veel herschrijven omdat je onvoltooid bent
in het diepste van jezelf.
          Geen romantisch geblaat is poëzie
over een verdwaalde aboriginal in de outback,
maar de vondst van een leeg bierflesje
in het rode zand, met haar achter taal verholen
slangen. De gevaarlijkste ter wereld.
Poëzie is eerder Australië dan Europa,
liever de woestijn dan de outback,
een continent van verlatenheid waar iemand
toch is komen wonen. Poëzie is de roep
van dwaas avontuur. Een albatros
die gered moet worden. Niet door hem te bezingen.

Poesie ist ...

Poesie ist alles, vermummt als wenig.
Die Marge, natürlich, der Stahlbesen,
das Absaugesystem. Poesie ist das eine Mal
du läßt dich gehen, das Ruder übergebend
an einen Krankheitserreger. Frischer Verfall,
hereinströmende Sprache um aus Angst
zu kreischen unterwegs, ankommen, kommen,
angetan und frisch gemacht. Dampfend
wie ein Unfall auf Asphalt in der Hitze.
Das nicht mehr wissen, Nahtoderlebnis
das Licht von unbenennbarer
Seeligkeit. Poesie ist ein Mantra,
nachhallend im Leib der all die Egos wegwischt.
Mönche in einem Kloster voller Ablenkung.
Wegschwebende Gedanken die du vor allem nicht
unterdrücken willst. Poesie ist ewiges Behalten,
viel neu schreiben weil du unvollendet bist
im Tiefsten deiner selbst.
  Kein romantisches Gemähe ist Poesie
über einen verirrten Aboriginal in der Leere des Landes
sondern der Fund einer leeren Bierflasche
im roten Sand, mit hinter der Sprache verborgen
Schlangen. Die gefährlichsten der Welt.
Poesie ist eher Australien als Europa,
lieber die Wüste als dieses leere Hinterland,
ein Kontinent von Verlassenheit wo jemand
doch zu wohnen gekommen. Poesie ist der Ruf
eines schrägen Abenteuers. Ein Albatros
der gerettet werden muß. Nicht um sie zu besingen.

Poëzie is art de vivre als een appellation contrôlée.
Geen etiket is poëzie, geen partij, geen brief,
maar een PS.

PS. Vergeet het beeld van de naaimachine,
met vingerhoed voor het ontsporen.
Haute couture is voor de catwalk
en haar terreur van anorexia nervosa.

Poesie ist Kunst des Lebens. Beste Qualität.
Kein Etikett ist Poesie, keine Partei, kein Brief,
aber eine Nachschrift.

P.S.: Vergiß das Bild der Nähmaschine,
mit Fingerhut gegen Nadelabrutschen.
Haute Couture ist für den Laufsteg
und ihr Terror ist die Magersucht.

Athene, 6 AM

Niets aan de hand
met de net begonnen hoteldag.
Geen licht dat te vroeg
door de gordijnen glijdt,
als een strijkage bij de rekening.
Geen valse fractie van een seconde
die een werkdag suggereert.
Geen wijzer die dronken
naast het streepje van zes valt.
Al zou je dan gaan twijfelen
en eerst je ogen nog eens uitwrijven.

Alleen het misplaatst geweld
van ijskoud water. Een oude douche
die zichzelf op temperatuur brengt.
Traag. En de geur van een milde scrub
met handdoek. Ruw.
En je blik, zacht, door het raam.

Niets aan de hand
wanneer je lonken wil
naar de militairen die patrouilleren
in de schaduw van platanen
die sssssssssttttt zeggen.

Athen, sechs am Morgen

Nichts los
an diesem gerade begonnenen Hoteltag.
Kein Licht das zu früh
durch die Gardine gleitet
als ein Extrapunkt auf der Rechnung.
Kein falscher Bruch einer Sekunde
die einen Arbeitstag vorschwant.
Kein Zeiger der trunken
neben den kleinen Streifen der Sechs geht.
Träge. Und der Geruch eines milden Schrubbens
mit dem Handtuch. Rauh
Und dein Blick, sanft, durch das Fenster

Allein die falsche Gewalt
von eiskaltem Wasser. Eine alte Dusche
die sich selbst auf Temperatur bringt.
Träge. Und der Geruch von einem milden Schrubben
mit dem Handtuch. Rauh.
Und dein Blick, sanft, durch das Fenster.

Nichts ist los
wenn du luckern willst
nach Militärs auf Patrouille
im Schatten von Platanen
die sssssssssttttt sagen

Himeji 2004

De nacht doorgebracht met een tyfoon,
Alsof er nooit een eerder leven is geweest.
Ik gaf hem een naam, maar raakte die kwijt
Toen hij ging liggen. Mijn stukgewaaide plu.

De andere japanners, vanmorgen – vergrijsd.
Hun kogeltrein vloog met mijn overvolle brein
Door een krijsend dorp in de ochtend,
Regelrecht naar de stilte van Himeji.
Freel verleden lag er onaangeroerd,
Als een regenplas die de wind met rust laat,
Vol japanse tekens, nog natrillend
In oude handen.

Een schuifwand deed me schrikken: vocht en kou
Veranderden in geur van stro. Hij herrees
Met Edo-stijl, in vol ornaat. Reflectie
Van een vorig zelf zong lyrisch mee
Met het lemmet van zijn zwaard.

Toen was het tijd om naar een einde te verlangen.
Ik liep op blote voeten naar mijn samoerai.
Licht hing als een flauwe grap om zijn lippen,
Nog bloedend. Ik zoende hem. De rest
is voor navertelling in een volgend leven.

Himeji 2004

Die Nacht durchgebracht mit einem Taifun
Als wenn nie ein früheres Leben gewesen
Ich gab ihm einen Namen, verlor ihn aber
Bis er liegen blieb. Mein kaputt geflatterter Schirm.

Die anderen Japaner, heutmorgen - vergreist
Ihr Kugelzug flog mit meinem übervollem Hirn
Durch ein kreisendes Dorf im Morgen
Geradeheraus in die Stille von Himeji
Porzellanen Vergangenheit lag da unangerührt
Als eine Regenhaut die vom Wind in Ruhe gelassen
Voller japanischer Zeichen, noch nachzitternd
In alten Händen.

Eine Schiebewand ließ mich erschrecken,
                              Feuchtigkeit und Kälte
Veränderten im Geruch von Stroh. Es war
                              Wiederaufstehung
Im Edo-Stil in vollem Schmuck. Nach-Denken
Von einem vorherigen Selbst sang voller Poesie
Mit der Schneide seines Schwertes.

Da war es Zeit nach einem Ende zu verlangen.
Ich lief auf nackten Füßen zu meinem Samurai.
Licht hing als ein schaler Scherz um seinen Lippen
Noch blutend. Ich schmuste ihn. Der Rest
ist zur Nacherzählung in einem folgenden Leben.

1985 Zen

Doel IV wordt in gebruik genomen.
Lang leve de reactor en haar splijtingen.
 In de hoofdpunten van het nieuws
 kwijnen dagen vol vermogen –
 verleden dat je kwijt bent.

   Alles moet wegvallen: het zwijgen
   van de ander, dat pijnlijke antwoord
   op je vreemde taal. Verminkte zintuigen
   en de herinnering aan een overlevende
   in Hiroshima. Zijn naam alweer vergeten.

    Er is geen stralend slachtoffer
    dat nog zoeken komt naar jou.
    Als een omgevallen fiets
    lig je op het tapijt voor de buis.
    Tot ziens bewustzijn, er volgt
    Een laatste stanza met ultieme kansen.

     Geen andere keuze dan jezelf te wissen.
     Elke dag opnieuw. Tot je de afval
     van je tijd diep hebt ingegraven
     en de stempels van je taal
     heel stevig gemaakt.

1985 Zen

Doel IV wird ans Netz gebracht.
 Lang lebe der Reaktor und seine Spaltungen.
 In den Schlagzeilen der Nachrichten
 Jammertage voller Möglichkeit -
 Vergangenheit die du verloren.

 Alles muß weg: das Schweigen
  des Anderen, die schmerzvolle Antwort
   zu deiner fremden Sprache. Verkrüppelte Sinne
    und die Erinnerung an einen Überlebenden
     von Hiroschima. Seinen Namen schon vergessen.

   Da ist kein Strahlengeschädigter
    der noch suchen kommt nach dir.
     Wie ein hingefallenes Fahrrad
      liegst du da auf dem Teppich vor dem Fernseher.
       Tschüß Bewußtsein, da folgt
        seine letzte Strophe den letzten Chancen.

     Keine andere Möglichkeit als dich selbst auszulöschen.
      Jeden Tag neu. Bis du den Müll
       deiner Zeit tief hast begraben
        und die Stempel deiner Sprache
         sehr kräftig gemacht.

Monorail

Hoe veilig is een monorail
in het oog van de storm?
vraag je je af, en herinnert je
dat de Italianen voor Mussolini stemden,
omdat zijn treinen altijd stipt op tijd vertrokken.
Je zoeft door de lucht, hartstochtelijk vrijgevig
als een neutronenster in haar finale
pirouette van licht, om de afstand
tussen twee vluchten te overbruggen:
van Terminal One naar Terminal Two
en weer terug, vijf maal dezelfde geisha
met een opgespannen glimlach
die geen zweem van herkenning lost.
Al stapte haar eigen alter ego in.

Onderweg, in een kodo van regen
en gierende wind, staan vijf van je verledens
samengetroept om je te begluren
in een bushokje langs een drukke rijweg:
ze herkennen je toekomst niet,
maar staren verwonderd naar dit spoor
van verveling in de lucht. Ook brandend lijden
hoort bij hun leeftijd, en de storm
van een liefde die nog komen moest.

Einbahn

Wie sicher ist eine Einbahnschwebebahn
im Auge des Sturms?
fragst du dich, erinnerst dich
daß Italiener für Mussolini stimmten
weil seine Züge immer auf den Punkt genau abfuhren
Du saust durch die Luft, herzlich freigiebig
wie der Neuronenstern nach seinem Endzustand
Pirouette von Licht, um den Abstand
zwischen zwei Flügen zu überbrücken
von Terminal Eins zu Zwei
und zurück, fünfmal die selbe Geisha
mit aufgespanntem Lächeln
das keine Erinnerung dir einhauchen will
Schon stieg ihr Alter Ego ein

Unterwegs, in einem Kodo von Regen
im Heulewind, stehen fünf deiner Vergangenheiten
zusammengehäuft um dich zu beäugen
in einer Bushalte an einer viel befahrenen Straße
aber starren verwundert auf diese Spur
von Langeweile in der Luft. Auch brennendes Leiden
gehört zu ihrem Alter, und der Sturm
einer Liebe die noch kommen muß

Een oude man zonder tanden –
hij houdt zich staande
in een kleine aardbeving
van gutturalen en labialen –
vertelt je dat je Japan
nooit begrijpen zal,
hoe hard je ook probeert,
waar je ook zoekt.

Op de achtergrond,
verstrengeld in elkaar,
als lichamen in een orgie:
autowegen en viaducten.

Ein alter Mann ohne Zähne –
hält sich stehend
in einem kleinen Erdbeben
von Kehlklang und Lippensang –
erzählt dir daß du Japan
nie begreifen wirst,
wie hart du es auch versuchst
wo du auch suchst.

Auf dem Hintergrund,
ineinander verschlungen,
als Körper einer Orgie:
Autowege und Viadukte.

geen volle manen meer

geen volle manen meer

maar een dovend licht
van warme woorden,
een snijdende sonate

ik heb mijn handen in de aanslag
met tintelende verwachting

geen straat die steeds dezelfde is
wanneer ik nog eens terugkeer,
maar een vreemde
die in de regen staat te plassen
op mijn kaart van de wereld -
duizenden naalden maken putjes
in deze schedel

een valk ben ik, met lichtgevende ogen,
zwevend boven draaiende wouden van tijd
muziek van chaos in naakte kruinen

steeds dezelfde toetsen blijven hangen
in mijn ordelijk leven. Ik ga het vellen
met de akkoorden die ik streel.

ooit / / op een stormende avond / / op de laatste dag van
het jaar / / geen volle manen meer schrijven / / en ze niet
langer kunnen zien / / een dovend licht ontwaren / / in
de oude laan die je herkent / / de eindeloze laan van

keine vollen Monde mehr

keine vollen Monde mehr

aber ein schwindend Licht
von warmen Worten,
eine schneidende Sonate

ich habe meine Hände im Anschlag
in stechender Erwartung

keine Straße die noch die selbe
wenn ich noch einmal zurück
aber eine Fremde
die im Regen stehend pißt
auf meine Landkarte der Welt -
Tausende Nadeln stechen Punkte
in diesen Schädel

ein Falke bin ich, mit Licht gebenden Augen
schwebend über sich drehende Wälder von Zeit
Musik vom Chaos in nacktem Geäst

stets die selben Tasten bleiben hängen
in meinem ordentlichen Leben. Ich geh' es fällen
mit dem Akkordeon das ich streichle.

einst // zu einem stürmenden Abend // am letzten Tag
des Jahres // keine vollen Monde mehr schreiben // und
sie es nicht länger sehen können // ein schwindendes
Licht erkennen // in die endelose Allee die du erkennst
// die endelose Allee von

beuken // die aan zichzelf genoeg hebben // vanavond,
een jaar geleden, twee en drie en dertig jaar geleden //
op elke laatste dag van een nieuw oud jaar // eindeloze
jaren // vol fluisterend geritsel // daar gewoond hebben
// in een laan waar je niemand meer ontmoet // aan het
einde van een hoofdstuk langdradigheid // dagen zien
verstommen tot een misverstand // de annalen zullen
zwijgen // ze zingen met woorden die uit zijn op stilte /
/ zingen in het naderend onweer // het bliksemt // de
verlichting staat al ter discussie // alle feestgedruis
verstomd // geen oud en nieuw // geen feestgedruis //
geen volle manen meer // slechts een eindeloze rij
beuken ///////////////////// en het gebeier van
roestende klokken // daar ergens tussen de bliksem //
als dichter moet je zwijgen //

      stuif weg, verblindende sneeuw op stijlvol
vervlochten depressies.
      verdwijn, hobbelende ritmes achtergebleven in
sporen van karren en paarden met gouden hoeven
      verzen zijn gevaarlijke boeven, verraderlijk
hard, als bijtende stilte die lang is blijven duren
      verzen, kaal als een doordeweekse dag waarover
je wil zwijgen.
      een dag, repetitief en persisterend, een
opgebroken weg van verveling met putten van
verbazing.

      als dichter moet je...

...zwijgen.

Buchen // die sich selbst genügen // heute Abend,
ein Jahr zurück zwei und drei und dreißig Jahre früher //
an jedem letzten Tag zum Jahreswechsel // endelose
Jahre // voll Flüsterrascheln // da gewohnt haben
// in einer Allee wo du niemanden mehr triffst // am
Ende eines Hauptstückes Langatmigkeit // Tage
verstummend bis zum Mißverstehen // die Analen
sollten schweigen // sie singen mit Worten die aus sind
auf Stille // singen zum sich nähernden Unwetter // es
blitzt // die Erleuchtung steht da zur Diskussion // Alles
Festgebrause verstummt // Kein Wechsel zwischen
Jahren // kein Festgebrause // keine vollen Monde mehr
// nur endelose Reihe von Buchen ////////////////////// das
Spiel rosiger Glocken // da irgendwo zwischen den
Blitzen // als Dichter mußt du schweigen //

  aus dem Staub, blindmachender Schnee auf stilvoll
verflochtenen Depressionen
  verschwinden, holperige Rhythmen zurückgeblieben in
Spuren von Karren und Pferden mit goldenen Hufen
  Verse sind gefährliche Gauner, verräterisch
hart, als beißende Stille die lang ist geblieben
  Verse, kahl wie ein Alltag in der Woche worüber
du willst schweigen
  wiederholend und konsistent, ein
aufgebrochener Weg von Langeweile und Löchern
  von Erstaunen

  als Dichter mußt du...

... schweigen

tussen seconden die maar blijven komen
en de mooie stilstand van een oude klok
verstopt onmenselijkheid haar knapste trucs,
krullen verledens als een kindertekening
op de muur van een verlaten schooltje
en veinst Dood de eigenaar van hersenen
die al lang vertrokken is. een spel, maar toch.

ik prevel mijn wrevel bij het verstrijken van tijd,
als een oude vrouw haar gebed. de koude
valt binnen. ik heet haar welkom
als in een kathedraal, ze glijdt
met de streling van een zijden sjaal om mijn hals.
eeuwigheid verlangt een duwtje slechts
om fataal uit de bocht te gaan.

dat glazen breken of bruggen instorten
moet ik veinzen terwijl ik zing,
het is mijn werk als dichter.

veinzen, terwijl de rede sneuvelt
zonder een laatste wens te formuleren.

zingen dat ik woorden nodig heb
omdat de noten ontbreken

zingen dat een handjevol verzen volstaat.

als dichter moet ik veinzen,
met gietvorm en schietlood, kompas
en meetlat keurig binnen handbereik.
er valt minder te begrijpen

zwischen Sekunden die noch kommen
und dem schönen Stillstand einer alten Uhr
versteckt Unmenschlichkeit ihre smarten Tricks
gekritzelte Vergangenheiten als eine Kinderzeichnung
auf der Mauer einer kleinen verlassenen Schule
und vorgeblicher Tod der Eigentümer von Hirnen
die schon lang verschwunden. Ein Spiel, aber doch

ich murmel meine Grimmigkeit beim Zeitverstreichen
als eine alte Frau im Gebet. Die Kälte
fällt herein. Ich heiße sie willkommen
wie in einer Kathedrale, sie gleitet
mit dem Streicheln eines Seidenschals um meinen Hals
Ewigkeit verlangt einen Schubs nur
um verhängnisvoll aus der Spur zu fliegen.

daß Gläser brechen und Brücken einstürzen
muß ich vortäuschen derweil ich singe
das ist meine Aufgabe als Dichter

Verstellungen, während der Verstand vergeht
ohne einen letzten Wunsch zu formulieren

Singen daß ich Worte nötig habe
weil die Noten nicht vorhanden

singen daß eine Handvoll Verse genug

Als Dichter muß ich mich verstellen,
mit Gießform und Schießblei, Kompaß
eine Meßlatte einfach im Handbereich
da ist weniger zu begreifen

dan ik in de kortste verzen zeggen kan.

een stilte zit ons op de hielen

een blanco
die samenvalt met moordend gehinnik
een leegte
met zwemvliezen

zwijgen
en ontdekken waar taal toe dient

agenda's dichtlaten, zonder afspraken
luisteren naar het leven
als naar een telefoon die niet meer rinkelt
bij binnenkomende privénummers

de eenzaamheid een plaats geven,
gevoel uit een andere eeuw, ongelezen boek
in het rek met precieuze uitgaven.

weg het ouderwets flacon.
tijd laten vergassen
in eeuwigheid.

als dichter moet ik veinzen, het is mijn werk,
dat tijd tot wijsheid leidt, en wijsheid
een masker is van de dood.

als man in kurzen Versen sagen kann

eine Stille sitzt uns auf den Fersen

ein leerer Bogen
der zusammenfällt mit mörderischem Wiehern
eine Leere
mit Schwimmhäuten

schweigen
und entdecken wozu Sprache dient

Zeitpläne dichtlassen, ohne Verabredungen
Horchen nach dem Leben
nach dem Telefon das nicht mehr klingelt
bei eintreffenden Privatnummern

der Einsamkeit einen Platz geben
Gefühl aus einem anderen Jahrhundert, ungelesen Buch
im Regal mit Luxusausgaben.

weg mit altmodischem Duftgefäß.
Zeit verdampfen lassen
in die Ewigkeit.

als Dichter muß ich mich verstellen, das ist meine Aufgabe,
so daß Zeit zu Weisheit leitet, und Wissen
eine Maske ist des Todes.

Gentse begrafenis met flashback

Na het sterfhuis is de begrafenis een anti-climax
van handen schudden en stuc dat door het schurken
uit de muur valt, zoals ik een paar keer uit mijn rol.

Te vroeg gewekte herinnering wordt weggekucht
en de handen blijven maar schudden, terwijl buiten
de bomen hun leven lang bidden om water en wind.

Ik ben met mijn gedachten elders, bij een hete vlam
ooit in de crypte van de Sint-Baafs, er ontstaat stilte
terwijl ik aarzel om een hand terug te geven

en vaststel dat het die van jou is, met langzaam
klimmende blik naar de gloeiende hitte van ogen
waarin verleden danst, terwijl ik een friet liet vallen

in een straatje aan de Overpoort. Stap voor stap
ging je door je gebruiksaanwijzing van Gent, kroegen
waar op dat moment borsten, haren en benen

de dag wijdden aan je liefdesketterij, Gents accent,
en ik me, met een vloek van beleefde bewondering,
thuis probeerde te voelen in een verkeerde wijk,

die nu plots terugkeert, met jou erbij, en verdriet
aangeboord in het oord van verderf waar ik brand
wanneer je me dankt voor mijn komst. Ja, ik ben klaar –

Genter Begräbnis in plötzlicher Rückerinnerung

Nach dem Todeshaus ist das Begräbnis kein Höhepunkt
im Händeschütteln und dem Stuck der durch Berührung
aus der Mauer fällt wie aus der Rolle wie ich ein paar Mal.

Zu früh geweckte Erinnerung wird weggehüstelt
die Hände bleiben schütteln, währenddessen draußen
die Bäume ein Leben lang beten um Wasser und Wind.

Ich bin mit Gedanken woanders, bei einer heißen Flamme
einst in der Krypta der Sankt Baafs, da entstand Stille
derweil ich zögere eine Hand zurückzugeben

ich feststelle daß es deine ist, mit langsam
sich hebendem Blick zur Gluthitze deiner Augen
worin Vergangenheit tanzt, ich eine Fritte fallen lasse

in einer kleinen Straße am Overpoort. Schritt um Schritt
gingst du durch deine Gebrauchsanweisung von Gent, Krüge
wo in diesem Moment Brüste, Haare und Beine

den Tag widmen an deine Liebesketzerei. Genter Akzent,
ich mit, mit einem Fluch gut situierter Bewunderung,
ich versuche mich zu Hause zu fühlen im verkehrten Viertel,

das kehrt plötzlich zurück, mit dir dabei, im Verdruß
angebohrt am Ort der Verderbnis wo ich in Brand
als du mir dankest für mein Kommen. Ja, ich bin klar -

licht verlangen, maar vrees dat een truck met oplegger
over me heen gaat rollen, als het heelal zich herhaalt
omdat God strofen van verdriet wat beter wil spreiden.

Wat weten de bomen over afkalvend geloof,
de handen die ritselen in een rij van zacht geprevel,
een liefde die niet doven wil. Ik ben bij jou, en zoen je

terwijl iedereen het ziet. Een dode vriend is mooi
wanneer hij voortleeft in de diepte van blije ogen
en Gent zich hitsig voelt tussen lachende tranen.

leichtes Verlangen, aber befürchte daß ein Truck mit Anhang
über mich rollen soll, wie das Weltall sich wiederholt
weil Gott Strophen von Verdruß etwas besser verbreiten will.

Was wissen die Bäume über weggeschwemmte Glauben,
die Hände die klimpern in einer Reihe mit sanftem Gemurmel,
eine Liebe die nicht ausgehen will. Ich bin bei dir, küss' dich

so daß es jeder sieht. Ein toter Freund ist schön
wenn er fortbesteht in der Tiefe geneigter Augen
und Gent Hitze fühlt zwischen gelachten Tränen.

Dat gevoel

Vliegen.
Het gevoel in een ongemaakt bed te liggen.
Turend naar Boeddhistische soetra's
van de vloer tot de zoldering.
In en uit je bewustzijn glijden.
Het gevoel dat de soetra's
je in leven houden.

De stewardess, een cameo verschijning
in donker Chinees gefluister, bracht koffie,
lauw en treiterig flauw met poedermelk erbij
en een sprank gesol met haar troetelkinderen.
Ze grapte melig over dik en dun. Haar eigen voorkeur
stond op het lijf geschreven. In prachtig Frans.
Geen idee waar het vandaan kwam. Dat gevoel.
Ik hield van haar, heel even, toog aan het werk
en ledigde het dun.

Wachtend, in slaap en inflight magazine,
op beter tijdverdrijf.

Het kwam. Hoog boven de gold coast,
die mijn buur herinnerde aan de ingewikkelde timing
van het elders ter wereld komen: mama op de terugweg
van een reisje naar Papua Nieuw Guinea, haar verlangen
om hem in Australië te baren, zijn eerste schreeuw
in een Lockheed Hercules onderweg. En hoe hij
twee jaar geleden - zijn pousse café een fait divers

Dies' Gefühl

Fliegen.
Das Gefühl in einem ungemachten Bett zu liegen.
Starr zu buddhistischen Sutras
vom Boden zur Dachbodendecke
In und aus Bewußtsein gleiten.
Das Gefühl das die Sutras
dich im Leben halten.
Die Stewardess, eine Sonderrolle
in dunklem chinesischen Geflüster, brachte Kaffee
lau und laff mit Pulvermilch
Und eine Funkenhänselei mit ihren Verwöhnkinderchen
Sie scherzte öde über dick und dünn. Ihre eigene Vorliebe
stand auf dem Leib geschrieben. In prachtvollem
Französisch.
Keine Idee wo es her war. Das Gefühl.
Ich liebte sie, eine Sekunde lang, fing an mit Arbeit
entleerte all diese Dünnheit.
Wartend, im Schlaf, mit Flugmagazin
zu besserem Zeitvertreib.
Es kam. Hoch über der Goldküste
die meinen Nachbarn erinnerte an schwierige Zeitplanung
im Sonstwo auf die Welt kommen: Mama auf dem Rückweg
von einer Reise aus Papua Neu-Guinea, ihr Verlangen
um es in Australien zu gebären, sein erster Schrei
in einer Lockheed Hercules unterwegs. Und wie er
zwei Jahre zurück – sein Weinbrandkaffee Nebensache

voor Quantas – bevangen werd door vliegangst, zo hevig
dat hij aan de grond genageld toekeek hoe het vliegtuig
zonder hem vertrok, naar weer een ander werelddeel.
                    …in een ongemaakt bed… turend naar
Boeddistische soetra's…
                    Voor mij geen alcohol.
Vasculair probleempje om begripvol bij te glimlachen,
denkt de stewardess.

für Quantas - befallen wurde durch Flugangst, so heftig
daß er an den Boden genagelt zusah wie das Flugzeug
ohne ihn abhob zu noch einem anderen Erdteil.
        ... in einem ungemachten Bett ... starr Richtung
Buddhistische Sutras ...
            Für mich keinen Alkohol.
Kleines Adernproblem, verständnisvolles Lächeln,
denkt die Stewardess.

Snel

Soms komt wat je nooit voor mogelijk hebt gehouden,
ongevraagd, onopgemerkt naar je toe.
Je moet er alleen de tijd voor nemen.
Al lijkt het duizelingwekkend snel te gaan.

De thee duurt langer dan het kopje.
De fruitsmaak weekt gedachten los,
alsof ze je al jaren kent.
Nu staat er liefde op het spel.
De wereld moet maar even leren wachten.

Buiten vervreemden de steegjes van Aleppo
van hun roerige middeleeuwen.
Binnen ligt er meer dan 7000 jaar oude geschiedenis
onder de vloer. Dat is allemaal zonder geheim.
Alleen de valse wand, verstopt achter een tapijt
dat gevoeld wil worden, leidt naar een kamer
waar oude dromen mijn onverwachte komst verbeiden.

Hoe zijn ze daar geraakt?
Wie heeft ze de weg gewezen?
In het donker zie ik alleen twee nieuwsgierige ogen.

Schnell

Manchmal kommt das was du nie für möglich gehalten,
ungefragt, unbemerkt auf dich zu.
Du mußt dir allein Zeit dafür nehmen.
Bald scheint es schwindelerregend schnell zu gehen.

Der Tee währt länger als die Tasse.
Der Fruchtgeschmack weckt Gedanken auf,
als ob du seit Jahren mit ihnen vertraut.
Nun steht da Liebe auf dem Spiel.
Die Welt muß eben mal lernen zu warten.

Draußen zerfremden die Gassen von Aleppo
von ihren tosenden Mittelaltern.
Innen liegt mehr als siebentausend Jahre alte Geschichte
unter dem Boden. Das ist allemal ohne ein Geheimnis.
Nur die falsche Wand, versteckt hinter der Tapete
die Gefühl will werden, geleitet in eine Kammer
wo alte Träume meine unerwartete Ankunft
entgegensehnen.

Wie sind sie dort getroffen?
Wer hat ihnen den Weg gewiesen?
In der Dunkelheit sehe ich nur ein gieriges Augenpaar.

Was het Tokyo of Oostende?

Omgevallen electriciteitspaal, met skyline
Op de achtergrond, als gladiolen
In een kleine vaas van oma, bloed
Of water, ik hoor hem nog Budoya zeggen –
Druiven uit haar kruidenierswinkel dacht ik –
Shinjuku? of de Oude Molenstraat waar ze me
Als een kleine krijger aan haar hand meenam
Dezelfde bloemen voor een raam
Met een plas regen van gisteren erbij –
Oostende, ik ruik een klein vissouvenir –
Tokyo, sashimi op de toonbank van de liefde
En Mozart die ons overal achternagereden komt
Hier en daar, hip, cool en trendy –
Dreigende wereld vol expats, één van hen
Brallend over Baha terwijl hij Bach bedoelt –
Ijlend naar de dood van dit gedicht,
Voor te lezen door oma, in haar Oostends
Dat ik al horen kan – of heb ik slechts gedroomd
In deze nacht aan de andere kant van de wereld
Van vertrouwde taal?

War es Tokio oder war es Ostende?

Umgefallener Strommast, mit Skyline
Auf dem Hintergrund, als Gladiolen
In einer kleinen Vase von Oma, Blut
Oder Wasser, ich höre ihn noch *Budoya* sagen -
Trauben aus dem Tante-Emma-Laden dachte ich -
Shinjuku? oder die Altemühlenstraße wo sie mich
Als kleiner Krieger an ihrer Hand mitnahm
Die selben Blumen vor einem Fenster
Mit einer Pfütze vom Regen von gestern dazu -
Ostende, ich rieche eine kleine Fischerinnerung -
Tokio, Sashimi auf der Theke von Liebe
Und Mozart der uns überall hin hinterhergefahren kommt
Hier und dort, hip, cool und trendy -
Bedrückende Welt voller Heimatloser, einer von ihnen
Lallend über *Baha* wenn er Bach meint -
Eilend zum Tod dieses Gedichtes,
Vorzulesen von Oma in ihrem Ostendisch
Das ich schon hören kann - oder habe ich schlecht geträumt
In dieser Nacht an der anderen Seite der Welt
Von vertrauter Sprache?

2

Kamergedachten gedichten
Gedichte aus Kammergedanken

Onbekende Ludwig

Als ik de weg naar Beethoven verlies
is er altijd een pianist die wacht
op zijn publiek, ergens in een gat
waar een pas gestemde Steinway staat

Het is de koude die bij de Andes hoort
zo'n avond met dichtbevolkte twijfels
in de Hammerklaviersonate. Koud zwijgen
te ver van mij verwijderd. Wat spookt hij uit
daarboven, onder de bomen van mijn dromen?

De noten scannen bliksemsnel
waar ik nooit komen zal:
de snelle voortplanting van regen
een zegen voor dat oerwoud
van neuronen

Unbekannter Ludwig

Als ich den Weg nach Beethoven verliere
ist er immer ein Klavierspieler der wartet
auf sein Publikum irgendwo in einem Loch
wo ein gerade gestimmter Steinway steht

Es ist wie Kälte die in die Anden gehört
so ein Abend mit dichtbevölkerten Zweifeln
in der Hammerklaviersonate. Kalt schweigen
gegen den Unbekannten neben mir. Welch schräges Treiben
da oben, unter den Bäumen meiner Träume?

Die Noten durchleuchten schnell wie der Blitz
wo ich nie hinkommen soll:
die schnelle Fortpflanzung von Regen
Segen für diesen Urwald
von Neuronen.

Roddels

Sommige mensen bieden een thuis
voor mijn spoken, maar ze herkennen
de bezoekers niet en serveren
thee met klontjes die oplossen
als geheimen in een hoerenbed.
Ik verdwijn dan in geruchten
en beloften, zonder ze waar te maken,
als het label NIEUW op een zakje koffie
van het veel te oude merk.
Misschien komt er ooit een schim langs
die bedankt voor alle roddels.
Een glas water zal volstaan in dat geval.

Klatsch

Einige Menschen bieten ein Zuhause
für meine Geister, aber sie erkennen
die Besucher nicht und servieren
Tee mit Zuckerstücken die sich auflösen
wie Geheimnisse in einem Hurenbett.
Ich verschwinde in Gerüchten
und Versprechen ohne sie wahr zu machen
als das Label *neu* auf einer Packung Kaffee
von der viel zu alten Marke.
Vielleicht kommt dereinst ein Schatten lang
der sich bedankt für all den Klatsch.
Ein Glas Wasser genügt dir dann.

3
Open Heart

Life. Peeling the layers of an onion.
Crying sour tears and looking for the culprit.
To tackle something and call that poetry.
There where the last theme bleeds.

Open hearth of language

Someone with grain kernels of hatred
made a tough dough. Forgive the conceited
in uniform. There is no quieter foreland
than these words. Swishing wind
among the burned wood.

I want to throw open the shutters of my love
for a soldier, afraid of death.
Yes that I want. To be with him. Here at home.
retreating. Fighting
in an open fire of verse.

Before a dark window I want to go and stand,
in the reflection of my face
seeing the end of his boulevard-dream.
The last bar looses its vague shadow.
That is what I want. To see the ashen rays of fear

in the night, as if it is war, with moon,
in the midst of this hellish brew of perfect stillness.
It will seem as if I am elsewhere, forgotten
in a jail of blinding light.
Kneeling for this crackling fire of language.

Hama

This summer weeds turned on
the watermills of Hama.
Shredded memories?
The old aqueduct won't ever again
cast them off. Where once was the field
now the consolation of a poster *Old Hama*:
it is Assad, father and son
and 30.000 dead. Look
how explosive they grow,
overgrowing a year
about which the city doesn't speak.

Like a child feeling found out,
twenty years later:
collective memory,
waiting for my ride.

A cart jolting and jerking
with no where to go.
The set repertoire of a folktale-teller
no one has seen.
Somewhere I'll find him
says Lonely Planet.
His world invitingly
ajar. Like the window.

Elsewhere, other-worldly:
two old people
in a mobil home at the Orontes river.
Belgians sure enough.

She peels an apple,
he tells the story,
in bits and pieces.

*

Hate got stuck, like a record,
lack of understanding, like a memory, in awful hunch
like stale beer after closing time,
while the rain wails on the sidewalk
and the sidewalk slowly turns to leaves
from a drunken dessert with the wobbly camel
of an awful hunch.
Like a record that got stuck, the muezzin wails
that you are dead, like lost sheep
in a late afternoon sun. Not a shepherd to be seen
as far as history still goes, and that is further
than your oath of secrecy. In unreadable reality
comes an Arab newspaper with strangle-sounds
and arabesques for show, with glasses Nescafe
paid for by the Baath party.
Hate hung around, on the shore of the Orentes river,
in my sub-chilled dessert, air-conditioned
in the reflection of the high minaret
which this morning continues to cry out my old love.

Poetry is...

Poetry is everything, dressed up as hardly anything.
The margin, of course, the stable broom,
the exhaust system. Poetry is that one time
you hang loose, and pass the helm
to a sickening germ. Fresh falling apart,
lower-stream language to scream out
one's fear along the way. Arriving, coming,
touched and all steamed up. Fuming
like an accident on asphalt in the heat.
This not knowing anymore, near death experience
and then the unspeakable light of
bliss. Poetry is a mantra,
booming in your body, erasing all its egos.
Monks in abbeys filled with diversions.
Wandering thoughts you by no means
want to quench. Poetry is endless remembering,
rewriting a lot because you're unfinished
at the core of your being.
    No romantic bleating is poetry
about a lost aboriginal in the outback,
yet finding an empty beer bottle
in red sand, with its behind language hidden
snakes. The most dangerous in the world.
Poetry rather is Australia than Europe,
rather dessert than outback,
a continent of loneliness where someone
nevertheless came to live. Poetry is the call
of foolish adventure. An albatross
to be saved. Not by singing him.
Poetry is a way of life like an *appellation contrôlée*.

No label is poetry, no party, no letter,
but a ps.

ps. Forget the image of the sewing machine,
with a thimble in case of derailment.
Haute couture is for the catwalk
and its terror of anorexia nervosa.

Athens, 6 AM

Nothing wrong
with the barely started hotel day.
No light that glides
too early through the curtains,
like a curtsy with the bill.
No false fraction of a second
suggesting a working day.
No hand drunkenly
falls past the mark of six.
Although one may doubt
and first rub one's eyes again.

Only the misplaced violence
of ice-cold water. An old shower
bringing itself hesitantly up to heat.
Slowly. And the smell of a mild scrub
with a towel. Rough.
And your look, soft, through the window.

Nothing wrong
if you want to make eyes
at the soldiers on patrol
in the shadow of plane trees
saying hushhhhhhh.

Himeji 2004

Spent the night with a typhoon,
as if there never had been a former life.
I gave him a name, but lost it
when he laid down. My storm-torn brolly.

The other Japanese, this morning – grayed.
Their bullet train with my too full brain
flew through a screeching village in the morning,
directly to the silence of Himeji.
Delicate past lay there untouched,
like a puddle after rain left alone by the wind,
filled with Japanese signs, still trembling
in old hands.

A sliding wall startled me: damp and cold
changed to the smell of straw. He rose up
in Edo-style, in full regalia. Reflection
of a former self sang along lyrically
with the blade of his sword.

Then it was time to long for an ending.
I ran barefooted to my samurai.
Light clung like a feeble joke to his lips
still bleeding. I kissed him. The rest
is for telling in a future life.

1985 Zen

Nuclear power plant Doel IV is put online.
Long live the reactor and its fissions.
 In the headlines of the news
 days languid full of power –
 a past beyond recovery.

 All has to fall away: the silence
  of the other, that painful answer
   to your strange language. Mutilated senses
    and the memory of a survivor
     in Hiroshima. His name forgotten again.

    There is no radiating victim
     who still comes looking for you.
      Like a toppled bicycle
       you lay on the carpet before the telly.
       Goodbye consciousness, a last
        stanza follows with final chances.

       No other choice but to erase yourself.
         Every day over and over. Until you buried
        the trash of your time deeply
          and the imprint of your language
          is made very firm.

Monorail

How safe is a monorail
in the eye of the storm?
one asks oneself, and remembers
that the Italians voted Mussolini in,
because his trains always left right on time.
One zooms through the air, passionately generous
like a neutron star in its final
pirouette of light, to bridge
the distance between two flights:
from terminal One to Terminal Two
and back again, five times the same geisha
with a stretched up smile
without betraying a sign of recognition.
As if she her own alter ego got on.

All the while, in a *kodo* of rain
and howling wind, five of your past lives
troop together to spy on you
at a bus stop along a busy road:
they don't recognize your future,
but astonished stare at these tracks
of boredom in the sky. Also suffering and burning
goes with their age, and the storm
of a love yet to come.

An old man without teeth –
he stays straight
in a small earthquake
of gutturals and labials –
tells you you'll never
understand Japan,
however hard you try,
even looking low and high.

In the background,
entangled in each other
like bodies in an orgy:
freeways and viaducts.

no more full moons

no more full moons

but a dimming light
of warm words,
a strident sonata

my hands ready to strike
with tingling anticipation

no street is always the same
when I happen to return,
but a foreigner
who stands pissing in the rain
on my map of the world –
thousand needles make tiny pinholes
in this skull

a falcon I am, with luminous eyes,
gliding over turning forests of time
music of chaos in naked crowns

always the same keys get stuck
in my orderly life. I'll slay it
with chords I caress.

Once / / on a stormy night / / on the last day of the year /
/ no more writing of full moons / / and no longer being
able to see them / / descrying a dulling light / / in the old
lane one recognizes / / the endless beech lined lane

/ / only needing themselves / / tonight, a year ago, two
and three and thirty years ago / / on each last day of a
new old year / / endless years / / full of rustling
whispers / / having lived there / / in a lane where you
meet no one no more / / at the end of a chapter of long-
windedness / / hearing the days shrivel into
misunderstanding / / the annals guard their silence / /
they sing with words longing for silence / / singing in
the thunderstorm coming closer / / lightening / / the
light already an issue / / all sounds of revelry muted / /
no old and new / / no revelry / / no more full moons / /
only an endless row of beech trees / / / / / / / / / / / / / / / /
/ / / / / / and the cling-clanging of rusting old bells / /
there somewhere among the lightning / / a poet must be
speechless / /

    dash away, blinding snow on stylish
braided depressions.
    disappear, jolting rhythms left behind in
the ruts of carts and horses with golden hoofs
    verses are a dangerous pack of thieves, treacherously
hard, like biting silences gone on too long
    verses, bald like just a day you don't want
to speak about.
    an ordinary day, repetitive and persistent, a
broken up road of boredom with potholes of
amazement.

    a poet must be...

...speechless.

between seconds which keep coming
and the pretty stillness of an old clock
inhumanity hides its finest tricks,
curls of past as a child's drawing
on the wall of an abandoned school
and feigns Death the owner of the brain
who's left a long time ago. a game, and yet.

I mutter my resentment at the passing of time,
like an old women her prayers. a chill
falls. I welcome it
as in a cathedral, it glides
with the caress of a silk shawl around my neck.
eternity just needs a shove
to fatally miss the curve.

that glasses break, bridges collapse
I have to feign while I sing,
it's my job as a poet.

feigning while reason succumbs
without formulating a last wish.

singing that I need words
because of the lack of notes

singing that a handful of verses is enough.

as a poet I have to feign,
with a cast and plumb, compass
and ruler neatly within reach. there is less to understand

than I can say in the shortest verse.

a silence chases us down

a white
overlapping with murdering whinnying
a webbed
void

keeping silent
and discovering what language is for

keeping agenda's closed, without appointments
listening to life
like to a telephone which doesn't ring anymore
at incoming private numbers

giving loneliness a space,
feeling from another century, unread book
on the shelf with precious editions.

gone the outmoded flask.
letting time dissolve
into eternity.

as a poet I must feign, it is my job,
that time brings wisdom, and that wisdom
is a mask of death.

Funeral in Ghent with flashback

After the house of morning the funeral is an anti-climax
of shaking hands and a wall that by rubbing along it
looses its plaster a few times like I loose my footing.

The memory arisen too early is coughed away
and hands go on shaking, while outside
the trees lifelong pray for water and wind.

My thoughts elsewhere, with a hot flame
once in the crypt of Saint Bavo, a hush falls
while I hesitate to return a hand

and find it is yours, with slowly
raising gaze to the glowing heat of eyes
which a dance of past, while dropping a fry

in an alley at the Overpoort. Step by step
you went through the manual for Ghent, bars
where at that moment breasts, hairs, legs

ordained the day to your heresy of love, local accent,
and I, with a curse of polite admiration,
tried to feel at home in the wrong neighborhood,

which now flashes back, with you included, and sadness
tapped in the place of ruin where I burn
when you thank me for my coming. Yes I am –
in luminous longing, but fearing that a truck with trailer
will roll over me, if the universe repeats itself
since God aims to better spread his stanzas of sadness.

What do trees know about caving in faith,
hands rustling in a row of soft muttering,
love that can't be doused. I am with you, and kiss you

while all can see. A dead friend is beautiful
if he lives on in the depth of happy eyes
and Ghent feels aroused laughing with tears.

That feeling

       Flying.
A feeling of laying in an unmade bed.
Staring at Buddhist sutras
from floor to ceiling
slipping in and out one's consciousness.
Feeling the sutras
keep you alive.
       The stewardess, a cameo appearance
in dark Chinese whispers, brought coffee,
lukewarm and annoyingly weak with powdered milk
and a glimpse of hauling about her darlings.
Made corny jokes about thick and thin. Her own choice
written on her body. In fluent French.
No idea where it came from. That feeling.
I loved her, briefly, put myself to work
and emptied the thin.
       Waiting, with sleep and inflight magazine,
for better pastimes.
       It came. High above the gold coast,
which reminded my neighbor of the complicated timing
of coming into the world elsewhere: mom's returning
from a trip to Papua New Guinea, her desire
to birth him in Australia, his first scream
in a Lockheed Hercules en route. And how he
two years ago – his *pousse café a fait divers*

for Quantas – was gripped by a fear of flying so intense
that he nailed to the floor, watched how the plane left
without him, to yet another continent.

...in an unmade bed... staring at
Buddhist sutras...

For me no alcohol.
Vascular problem requiring an understanding smile,
so thinks the stewardess.

Fast

Sometimes, something you never thought possible,
unsolicited, unnoticed comes to you,
you just need to give it time.
Although it seems breathtakingly fast.

The tea takes longer than the cup.
The fruity taste eases up your thoughts,
as if you've known them for years.
Now love is at stake.
The world just has to learn to wait.

Outside the alleyways of Aleppo alienate
from their restless medieval times.
Inside, over 7000 years old history
lies under the floor. That is no secret.
Only the false wall, hidden behind a carpet
which craves to be felt, leads to a chamber
where old dreams await my unannounced arrival.

How did they get there?
Who showed the way?
In the dark all I see is two curious eyes.

Was it Tokyo or Ostend?

Fallen electricity pole, with skyline
In the background like gladiolas
In a small vase of grandma. Blood
Or water. I can still hear him say Budoya –
Grapes from her grocery I thought
Shinjuku? or the Old Mill Street where she took me
As a small warrior by the hand
The same flowers in a window
With a puddle of yesterday's rain –
Ostend, I smell a small fish-souvenir –
Tokyo, sashimi on the counter of love
And Mozart everywhere driving up behind us
Here and there, hip, cool and trendy –
Threatening world filed with expats, one of them
Blustering about Baha meaning Bach –
Rambling towards the demise of this poem,
To be read by grandma, in her Ostend lilt
I can already hear it –
or did I but dream
In this night at the other end of the world
Of trusted tongue?

Chamber thoughts poems

Unknown Ludwig

When I loose the way to Beethoven
there is always a piano player who waits
for his audience, somewhere in a rat hole
where a newly tuned Steinway stands

It is like cold capping the Andes
an evening of overcrowded doubts
in the Hammerklavier sonata. Cold silence
towards the stranger next to me. His thoughts
too far from mine. What is he up to
up there, under the trees of my dreams?
Notes like lightning scan
Where I'll never get:
the high resolution of rain
a blessing for that jungle
of neurons.

Gossip

Some people offer a home
for my ghosts, but do not recognize
the visitors and serve
tea with sugar cubes dissolving
like secrets in a whore's bed.
I vanish in rumours
and promises never kept,
as the label NEW on a bag of coffee
of too old a brand.
Maybe one day a shade will pass
passing on the gossip.
Then a glass of water will do.

Bio- & Bibliography

Bart Stouten (* Sint-Truiden, Belgien, 1956)
Dichter und Radiomann

Sapporo Blues; De wijsheid van de wind; Happy Christmas, Happy New York; Een Boek van Tijd und **Tussen dood en herleven** sind die fünf Bücher des bekannten belgischen Dichters aus der Hafenstadt Antwerpen. Mit diesem Gedichtebündel als Zusammenstellung aus diesen Dichtkunstwerken gibt Bart Stouten in hochgeistiger Weise gleich in drei Sprachen einen Einblick in seine Welten (in der Realität ist er nach Japan gereist, nach Syrien, das Flandern von heute) und erweitert und bereichert durch sein literarisches Werk den modernen europäischen Kanon.

Bart Stouten (* Sint-Truiden, Belgium, 1956)
poet and radio presenter

If the reader wants to enter Stouten's poetic world, s/he must make a little effort. Between 2002 and 2011, Bart Stouten published five books of poetry. In *Sapporo Blues* the young poet in Engelberg meets Yasunori, in *De wijsheid van de wind* he travels through the 20th century and also in *Happy Christmas, Happy New York* the poet is seldom home. Summers at the seaside, holiday memories, or in his beloved Japan, the poet is always searching for Love, coinciding with poetry itself. Time travelling in *Een Boek van Tijd* and *Tussen dood en herleven* he ponders with kind melancholy all things ephemeral. In the tri-lingual volume (German, Dutch, English) *Offenes Herz - Open Hart - Open Heart* this poet is a traveller. We find in this overview of his work musings and impressions. Here once again Bart Stouten, from a glimpse, opens the world.

Bart Stouten (* Sint-Truiden, België, 1956)
dichter en radiopresentator

Indien de lezer Stouten's poëtische wereld wil binnen treden, moet die een beetje moeite doen. Tussen 2002 en 2011, verschenen vijf bundels van Bart Stouten. In *Sapporo Blues* ontmoet de jonge dichter in Engelberg Yasunori, in *De wijsheid van de wind* reist hij door de 20ste eeuw en ook in *Happy Christmas, Happy New York* is de dichter zelden thuis: zomers aan zee, vakantieherinneringen, of in zijn vertrouwde Japan, de dichter is altijd op zoek naar *de* Liefde, die bij hem samenvalt met de poëzie zelf. Tijdreizend in het ontroerende *Een boek van Tijd* en *Tussen dood en herleven* denkt hij met zachtmoedige melancholie aan alles wat vergankelijk is. In de bundel *Offenes Herz-Open Hart-Open Heart*, een overzicht van zijn werk met indrukken en overpeinzingen in het Duits, Nederlands, Engels, is de dichter een reiziger. Hier trekt Bart Stouten van uit een momentopname een blik open op de wereld.

copyright 2012
Übersetzung/German translation/Duitse vertaling:
Fred Schywek
English translation-Engelse vertaling:
Annmarie Sauer
*
Met dank aan de Uitgeverij *P*

world internet books

wib.panorama - poetry for the world
Anthology - Anthologie - Bloemlezing
*

Grenzland

Werkbuch - Werkboek
*

Flußschiffahrt

Inland Waterways - Binnenvaart

Anthologie zur Kulturhauptstadt Europas Ruhrgebiet 2010
Cultural Capital of Europe 2010

*

ANTI

Anti-War Anthology - Antikriegsanthologie
Antioorlog Bloemlezing
*

Hafenklänge - Havenklanken

Sounds of Harbour
Sons du Port
*

Die Liebe in Holland und Flandern

De Liefde in Holland en Vlaanderen
Love in Holland and Flanders
*

Global Night Car

Weltnachtauto - Wereldnacht auto
Experimental work book

world internet books

Job Degenaar
Ich bin - I am
*

Paul Gellings
Stem van de herfst - Stimme des Herbstes
*

Roger Nupie
Lighthouse - Lichthaus - Lighthouse
*

Annie Reniers
Letters of Light - Buchstabenlicht -
Letters van Licht
*

Fred Schywek
Felsenleiter - Rockstairs
Weiße Mühle - Witte molen - White mill
*

Annmarie Sauer
Traces - Spuren - Sporen
*

Lucienne Stassaert
In one breath - In één adem - In einem Atemzug
*

Bart Stouten
Offenes Herz - Open hart - Open heart
*

world internet books
Duisburg/Rhein - Antwerpen – Hamburg

*

Herstellung und Verlag:
Books on Demand GmbH, Norderstedt
ISBN 978-3-8423-3280-5